AF404425

FSC
www.fsc.org
MIX
Papier aus ver-
antwortungsvollen
Quellen
Paper from
responsible sources
FSC® C105338

James Hatari-Spielman

Mach etwas! Jetzt!

Ideen für den Kampf gegen Klimawandel, Armut, Not, Hunger und Kapitalismus

© 2019 James Hatari-Spielman

Verlag: Erich von Werner Verlag

Mach etwas! Jetzt!

Ideen für den Kampf gegen Klimawandel, Armut, Not, Hunger und Kapitalismus

ISBN: 978-3-948621-06-3

Das Werk, einschließlich seiner Teile, ist urheberrechtlich geschützt. Jede Verwertung ist ohne Zustimmung des Verlages und des Autors unzulässig. Dies gilt insbesondere für die elektronische oder sonstige Vervielfältigung, Übersetzung, Verbreitung und öffentliche Zugänglichmachung.

Inhalt

KAPITEL EINS

EINFÜHRUNG

"Wir sagen, dass das, was wir alle als wahren Sinn des Lebens[..] suchen, meiner Meinung nach die Erfahrung des Lebendigseins ist, so dass unsere Lebenserfahrung auf einer rein physischen Ebene Resonanz in unserem innersten Wesen und der Realität findet, so dass wir die Begeisterung des Lebendigseins spüren können."

Diese Worte von Joseph Campbell sollten uns daran erinnern, dass es das Leben ist, was am Ende zählt. Zu jedem Leben gehört

Menschlichkeit, Empathie und Gerechtigkeit. Das sind Grundwerte des Seines, die es zu verteidigen gilt und für die es sich lohnt alles zu riskieren.

Das ist auch notwendig, denn die Geschichte lehrt uns, dass es eine derartige Welt noch nie gab und ohne den großen Kampf auch niemals geben wird. Diesen Kampf wollen allerdings viele nicht mehr riskieren. Sie haben aufgegeben und Veränderungen sind, obwohl sie ständig geschehen, für sie nur eine Utopie und das Gerede von Träumern und Weltverbesserern. Was kann der kleine Mensch schon tun? Ist man nicht nur ein Sandkorn und so vielen? Und überhaupt! Ist die Welt nicht viel zu komplex, um sie zu verstehen und etwas zu verändern? Selbst, wenn man etwas täte. Was würde es bringen?

Das war immer falsch. Es ist falsch und wird immer falsch sein. Und wir werden es ihnen beweisen!

Trotzdem gibt es Hoffnung. Es scheint so, als wäre das Zeitalter des Erwachens gekommen! Immer mehr Menschen werden kritischer und stellen Fragen! Sie beginnen zu erkennen, dass das Streben nach einer besseren Welt nicht ausschließlich einem gottähnlichen, einem Superhelden oder Messias vorbehalten ist, der die Menschheit vor der Vernichtung bewahrt. Dass es nicht die Sache des Glaubens an ein System ist, das für die dummen Schafe angeblich sorgt, während es ihnen die eigene Wolle im kapitalistischen Prozess zu Höchstpreisen verkauft. Nein, sie spüren, dass sie die Helden sind und dass sie das System verändern können.

Manche werden nun solche Worte extremistisch nennen, doch sie sind es nicht. Sie sind mutig, gerecht und wahrhaftig. Jeder, der das bestehende wirtschaftliche, philosophische oder soziale Konstrukt in Frage stellt, ist für sie ein Extremist und gefährlich für diejenigen, die alles haben, denn sie könnten es verlieren. Also eifern sie gegen die, die für eine bessere Welt kämpfen. Sie verleumden sie. Beschmutzen sie. Versuchen ihre Argumente zu verdrehen und die Schafe einzuschläfern. Brot und Spiele. Konsum und Unterhaltung. Schlafen, Träumen und funktionieren.

Und trotzdem haben sie die Welt nicht mehr unter Kontrolle und sie gerät ins Wanken und ins Chaos. Da haben sie die wahren Kämpfer für Freiheit, Demokratie und Gerechtigkeit jahrelang diffamiert und das Ergebnis wahr, dass die wirklichen Extremisten nun immer mehr an Oberhand gewinnen. In ihrem Kampf für den eigenen Egoismus, haben sie denen, die eine totalitäre Gesellschaft wollten, die Tore geöffnet. Eine grandiose Fehlleistung, wie sie schlimmer nicht hätte sein können.

Und nun? Jetzt ist es Zeit, dass die Guten und Gerechten aufstehen und das, woran das System scheitert, selbst erledigen! Eine bessere Welt schaffen! Das ist Demokratie! Das ist Aktivismus, den von alleine wird nichts geschehen. Das Chaos wird nur größer und größer und wer hofft, dass es sich von alleine überwindet, täuscht sich selbst.

„Es gibt kein Naturgesetz, das einer jeden Macht das Verwelken bringt und auch keine Zyklen, wie sie manch Kulturpessimist erkannt haben mag. Vielmehr ist es wohl schlicht dem Menschen eigen, sich nicht dem Niedergang entgegenzustemmen, sondern den Untergang stattdessen als zwangsläufige Totenfeier zu inszenieren."

Das schreibt Andreas Herteux und es sind wahre Worte. Von alleine ändert sich gar nichts! Das System war immer fragwürdig und nun ist es nicht mehr stark genug. Es braucht engagierte Menschen, die es verändern und auf den Pfad der Freiheit, Demokratie und des Guten zurückführen bzw.

es so verändern, dass dieser für alle Zukunft begangen werden wird. Und diese Menschen sind wir!

Was haben wir falsch gemacht?

Unsere Medien sind überflutet von blutigen Geschichten über Krieg, Klimawandel, Not, Hunger und Tod. Doch wir nehmen sie oft gar nicht mehr wahr. Wir verdrängen sie. Das ist menschlich und doch so falsch.

Manchmal, wenn unser Bewusstsein für diese tragischen Realitäten wiedererwacht, suchen wir schnell nach einem Fluchtweg, beschuldigen unsere politischen Führer und überzeugen uns schließlich, dass wir nichts dagegen tun können. Doch das ist eine große Lüge! Jeder kann etwas tun! Anderen zu helfen und etwas zurückzugeben, wurde nur in den Hintergrund gedrängt und ist hinter dem Wunsch nach einem guten Konsumleben oft verschwunden. Dass selbst dabei Menschen auf der unteren Ebene der Wirtschaftshierarchie mit Verachtung behandelt und zerquetscht werden, interessiert nicht, wenn man nicht selbst betroffen ist. Die Ungerechtigkeit ist überall. Wir müssen nur sehen wollen. Wenn wir aber sehen, dann erwacht in jedem guten Herzen automatisch der Wunsch zu handeln.

Lassen wir uns daher nicht länger das Märchen von den Sandkörnern erzählen, die ohnmächtig sind oder sich gar bestechen lassen. Betrachten wir die Wirklichkeit! Handeln wir!

Den Kreislauf des Zweifels durchbrechen und die Hoffnung wiederherstellen.

"Das Einzige, was für den Triumph des Bösen notwendig ist, ist, dass gute Menschen nichts tun."

Die Worte von Edmund Burke treffen den Kern. Wenn Menschen es schaffen, vermeintliche gesellschaftliche Normen in Frage zu stellen, dann wäre die Welt bereits ein besserer Ort.

Es bedurfte der Bemühungen entschlossener Menschen, die Praxis des Sklavenhandels, die Trennung von Schwarz und Weiß, die Apartheid usw. in Frage zu stellen. Immer war das Böse "normal" und eine

Veränderung undenkbar! Lügen! Nichts als Lügen!

Doch die Menschen änderten das! Erst wenige, dann viele und heute sind die Selbstverständlichkeiten von früher, wie die Sklavenhaltung als das bekannt, was sie sind: als teuflische und unmenschliche Dinge, für die man sich schämen sollte.

Und doch ist nicht jeder Mensch jemand, der gegen Rassismus oder Ungerechtigkeit sein Leben einsetzen kann. Das können wir nicht verlangen und es war in der Geschichte auch niemals so. Es waren immer wenige und diese wenige zeigten eine Perspektive auf, der viele folgen konnten. Sie machten aus einem unsicheren Weg einen etwas sicheren. Das ist wahr!

Dieses Buch verlangt daher auch nicht, dass du dein Leben riskierst, sondern möchte dir nur zeigen, wie du mit kleinen Schritten deinen Beitrag leistest, in dem wir einige kleine und eine große Idee zusammengetragen haben, mit denen du deine Welt besser machen kannst. Manches wirst du schon kennen, aber vielleicht nie gemacht haben. Dann siehe es als Erinnerung! Du hattest gar keine Ideen? Dann geben wir dir welche! Schließe dich uns an! Wir sind die Vorreiter des Großen und Wahrhaftigen! Komm mit uns!

Warum? Es ist unsere Welt und unsere Zukunft! Lass uns eine große Zukunft voller Freiheit, Gerechtigkeit und Demokratie schaffen! Gib deinem Leben einen Sinn. Du kannst ein Held sein! Auf deine Art und Weise!

Und so spielst auch du deine Rolle dabei, die Welt zum Besseren zu verändern. So bist du ein Held des Lichtes. Es ist deine Be-stimmung!

KAPITEL ZWEI

Kampf gegen den Klimawandel.

Wir wollen nicht lange ausholen: Unser Klima verändert sich schnell und in einem enormen Tempo, das Anlass zur Sorge gibt. Sorge? Was heißt da Sorge? Es ist eine Klimakatastrophe! Doch bleiben wir zunächst vollkommen sachlich. Einige der markanten Unterschiede, die im letzten Jahrhundert beobachtet wurden, sind unter anderem:

- Steigender globaler Meeresspiegel
- Veränderungen im regionalen Wetterverhalten, die saisonale Niederschläge verursachen.
- Anstieg der globalen Durchschnittsluft und -temperatur

- Langfristig wurde eine weitgehende Reduzierung der Schnee- und Eisbedeckung erreicht.

- Veränderungen in der atmosphärischen und ozeanischen Zirkulation

Diese Veränderungen werden durch zusätzliche Wärme im Klimasystem verursacht, die durch den Zusatz von Treibhausgasen wie Kohlendioxid, Distickstoffmonoxid oder Methan entsteht. Die zusätzlichen Treibhausgase sind primäre Inputs durch menschliche Aktivitäten wie die Verbrennung fossiler Brennstoffe (Erdgas, Kohle, Öl), die Abholzung des Waldes oder auch durch fortschreitende Urbanisierung. Durch diese Aktivitäten wird die Menge der wärmespeichernden Treibhausgase in der Atmosphäre erhöht. Oder einfach gesagt: Der Mensch ist schuld!

Studien haben gezeigt, dass die bisher beobachteten Veränderungen in unserem Klima mit der zunehmenden Freisetzung von Treibhausgasen in unsere Umwelt direkt zusammenhängen. Das Argument, dass Naturphänomene wie Vulkanausbrüche, die Sonne und eine andere natürliche Variabilität allein diesen schnellen Klimawandel effektiv verursachen können, wie es manch Leugner den Schafen glauben machen will, ist unplausibel. Er ist sogar gefährlicher Unsinn, denn die Tatsache, dass es schon immer Veränderungen des Klimas gegeben hat, hat damit, dass der Mensch nun kräftig mitmischt gar nichts zu tun. Das Glas mag halbvoll sein, aber wenn der Mensch stetig Wasser hineingibt, wird es überlaufen, gleich wie viel schon drin war.

Das ist nicht schwer zu verstehen, aber selbst angesichts valider wissenschaftlicher Informationen und Daten, die auf die Plausibilität des menschgemachten Klimawandels hindeuten, gibt es noch immer Kräfte, welche die Fakten des Klimawandels nicht akzeptieren oder gar leugnen.

Ob sie sich damit nicht selbst schaden? Natürlich, aber die Verlockung kurzfristigen Konsums oder die Versuchung Macht über Menschen - durch populistische Botschaften - zu gewinnen, sind oft stärker als das Gute und Wahrhaftige. Die Geschichte ist voll von so einem Verhalten. Es ist die alte Leier. Die Gier und Dummheit, die uns schon immer geschadet hat, die aber Einzelnen oder Gruppen temporär nutzen.

Solche Mechanismen müssen wir durchschauen: Es geht selten um Inhalte, dafür fast immer um Macht, Gier und Einkommen! Legen wir daher die wahren Motive offen und zeigen sie denen, die sich von falschen Propheten verführen lassen!

In Wahrheit stellen die meisten der Auswirkungen des menschgemachten Klimawandels ein Risiko für die Nachhaltigkeit natürlicher Systeme dar. Diese Risiken bestehen in Form von starken Hitzewellen, Störungen der Niederschlagsmuster, Überschwemmungen oder an der Küste infolge eines Anstiegs des Meeresspiegels.

Nachdem wir begriffen haben, was Klimawandel ist, ist die Frage, was wir dagegen tun können. Unsere Antwort wäre natürlich: Verzicht und Engagement, aber natürlich wissen, wir das sich die wenigsten Menschen von heute auf morgen ändern können.

Wer das verlangt, kennt den Menschen nicht und das ist einer der größten Fehler des Aktivismus!

Ebenso wissen wir, dass sich nicht alles, was sinnvoll ist, radikal umsetzen lässt, da es das Leben der Menschen so sehr negativ beeinträchtigen würde, dass die Akzeptanz des großen Kampfes vermindert werden könnte. Hier unterscheiden wir uns massiv von jenen radikalen Kräften, die das Totale fordern, während wir einzig für Freiheit, Demokratie und eine bessere Welt stehen.

Am Ende müssen wir uns auch eingestehen, dass es einfach ist, gegen etwas zu sein, aber schwierig, eine bessere Lösung anzubieten, die alle Probleme berücksichtigt. Viele engagierte Aktivisten haben dieses Problem und blenden es leider aus. Etwas, was uns nicht passieren sollte!

Doch wir betrachten das Große! Es soll aber erst einmal darum gehen, das zu zeigen, was jeder tun kann, ohne radikal oder extrem zu sein. Die kleinen Schritte, die das Bewusstsein der Massen schärfen und weiterbringen sollen.

Deswegen empfehlen wir die kleinen und einfachen Dinge, die wirklich jeder tun kann. Marschieren wir voran!

- **Pflanzen von Bäumen.**

Die Baumpflanzung ist eine der einfachsten und nachhaltigsten Möglichkeiten, unsere Erde positiv zu beeinflussen. Ein großes Treibhausgas, das die Wärme auf unserem Planeten förmlich „einfängt" und vor allem zum Klimawandel führt, ist Kohlendioxid (CO_2). Wenn Bäume wachsen, absorbieren sie das verfügbare CO_2 in der Atmosphäre. Wir müssen so viel Kohlenstoff wie möglich aus der Atmosphäre entfernen, um die katastrophalen Ereignisse einzudämmen oder zu verhindern. Dabei können wir uns entscheiden, einen Baum selbst zu pflanzen oder an Organisationen zu spenden, die sich mit der Baumpflanzung beschäftigen. Bäume produzieren Sauerstoff, der zur Verbesserung der Luftqualität beiträgt und die schädlichen Nebenprodukte der Verbrennung fossiler Brennstoffe durch die Speicherung von Kohlenstoff ausgleicht.

Darüber hinaus können Bäume die Klimatisierungskosten deutlich senken, wenn sie strategisch um ein Gebäude herum gepflanzt werden. Denn Bäume mäßigen die Wirkung der Sonne und sorgen so für einen kühlenden Effekt. Dies führt zu weniger Freon-Emissionen, einem gefährlichen geruchlosen Gas aus Klimaanlagen, das schädliche Auswirkungen auf die Ozonschicht hat. Die Baumpflanzung erfordert keine massive technologische Lösung zur Emissionsminderung. Es wird geschätzt, dass das Pflanzen von Milliarden von Bäumen weltweit erhebliche Auswirkungen und Potenziale bei der Reduzierung der Auswirkungen des Klimawandels haben könnte. Also: Ärmel hochgekrempelt und pflanzt noch heute einen Baum!

- **Welche Lebensmittel man konsumieren sollte**

Um den Klimawandel einzudämmen, können die von uns konsumierten Lebensmittel eine Rolle spielen, indem sie entweder die Treibhausgasemissionen anheizen oder reduzieren. So können wir sagen, dass die

Lebensmittel, die wir essen, einen direkten Einfluss auf unser Klima haben können. Bevor ihr also Lebensmittel oder Fleischprodukte aus den Geschäften kaufen, hier sind einige Faktoren, die Sie beachten müssen.

- Wie wurde es angebaut? ("Organisch" oder nicht)
- Wie viel Energie wurde bei der Herstellung verbraucht?
- Wie weit ist es gereist, um zu den Geschäften zu gelangen?
- Wie niedrig in der Nahrungskette ist das Produkt?

Tierische Erzeugung und Auswirkungen auf das Klima

Die Herstellung von tierischen Produkten erfordert eine riesige Landfläche. Methan und Distickstoffmonoxid sind zwei der wichtigsten Treibhausgase. Sie werden bei der Herstellung von Nutztieren freigesetzt.

Die Domestizierung von Tieren zur Nahrungsaufnahme hat sich als völlig kontraproduktiv erwiesen. Um ein Kilogramm Rindfleisch zu produzieren, benötigt man mindestens sieben Kilogramm Getreide mit anderen Inputs wie Wasser, Energie, Transport etc.

Die Verwendung von anorganischen Materialien in der Landwirtschaft

Chemikalien wie Pestizide und Düngemittel werden synthetisch aus fossilen Brennstoffen hergestellt. Synthetische Stickstoffdüngemittel produzieren Distickstoffmonoxid in Böden, ein Treibhausgas, das weitaus stärker ist als Kohlendioxid, was zu schwerwiegenderen Schäden für unser Klima führt. Biobetriebe hingegen sind für den Anbau ihrer Kulturen auf natürliche Gülle und Kompost angewiesen. Organische Düngemittel besitzen eine gute Fähigkeit, Kohlenstoff zurückzuhalten und damit die Emissionen in die Atmosphäre zu begrenzen.

Wie werden landwirtschaftliche Produkte transportiert?

Landwirtschaftliche Produkte, die lokal produziert werden, werden wahrscheinlich weniger Distanz, Zeit und Energie von den Betrieben zu unseren Tellern benötigen. Je näher der Produktionsstandort rückt, desto geringer sind die Emissionen, die bei der Verbrennung fossiler Brennstoffe erfasst worden wären. Es sei jedoch darauf hingewiesen, dass der CO_2-Ausstoß von landwirtschaftlichen Erzeugnissen in erster Linie von der Art und Weise ihrer Herstellung abhängt und nicht von der Entfernung zwischen den Betrieben und unseren Küchen. Wenn Sie also das nächste Mal einkaufen gehen wollen, stellen Sie sicher, dass Sie Lebensmittel kaufen, die aus biologischem und lokalem Anbau stammen.

<u>**Dinge, die du daher tun kannst:**</u>

- **Reduzierung des Konsums von Fleisch und Milchprodukten!**
- **Etiketten lesen und wissen wollen, was draufsteht!**
- **Nach Möglichkeit biologische und lokale Lebensmittel kaufen**
- **Baue dein Essen doch selbst an! Das geht auch auf dem Balkon in der Stadt!**
- **Informiere dich stets genau!**
- **Und natürlich alle, die du kennst aufklären!**

- **Mobilität**

Beim Kampf gegen den Klimawandels ist die Mobilität eine zentrale Frage. Egal, ob auf dem Land-, See- oder Luftweg. Der Schatten des Grauens ist leider fast immer dabei. Machen wir doch einen kleinen Rundgang der großen Mobilitätssünder:

Luftverkehrsemissionen

Aufzeichnungen zeigen, dass der Luftverkehr mehr als 2 % der weltweiten CO_2-Emissionen verursacht. Die Luftverkehrsemissionen variieren je nach Flugdauer, Anzahl der Passagiere, die das Flugzeug befördert, usw. Beispielsweise ist es wahrscheinlich, dass ein Flugzeug mit weniger Personen weniger CO2 ausstößt, denn die Kohlendioxide-missionen der Passagiere werden reduziert.

Das Fliegen ist daher ein gigantisches Problem und nicht umsonst hat sich das Wort von der Flugscham schon fest im Sprachgebrauch etabliert und sollte unbedingt weitere Verbreitung finden.

Wie du deinen CO2-Ausstoß beim Fliegen reduzieren kannst:

- **Fliegt nicht!**

- **Nutzt andere Verkehrsmittel, die umweltfreundlicher sind!**

- Vermeidet weniger effiziente Fluggesellschaften: Einige Fluggesellschaften verfügen über moderne Flugzeuge, die weniger Kohlenstoff emittieren und die Sitze besser füllen können.

- Nehmt lieber den Direktflug: Flugzeuge benötigen für den Start mehr Treibstoff als für die Fahrt in großen Höhen. Bei kürzeren Flügen macht dies den größten Teil der CO_2-Emissionen aus.

- Nehmt Flüge, die mehr Passagiere haben: In Spitzenzeiten gibt es mehr Passagiere, was zu

geringeren Emissionen pro Person führt.

- **Und natürlich alle, die du kennst aufklären!**

- **Autos**

Autos schenken uns viel Mobilität und Freiheit und bieten für manches Schaf auch Status und Stil. Gerade die letztere Verwirrung sollte nicht unterschätzt werden. Das Auto ist nicht nur funktional, sondern immer auch emotional zu betrachten. Ein Kreuzzug gegen das KFZ, ist immer auch einer gegen die Gefühle und damit womöglich gegen die Menschen selbst und das hindert sie oft zu sehen, was gut, gerecht und richtig ist, denn sie fühlen sich angegriffen und verteidigen das Auto, weil sie sich selbst verteidigen wollen.

Das ändert allerdings nichts daran, dass die KFZ erhebliche Umweltauswirkungen auf unser Klima haben. Unsere Fahrzeuge tragen wesentlich zu den hohen CO_2-Emissionen in der Atmosphäre bei. Es braucht eine bestimmte Menge an Energie, bis ein Auto produziert wird. Autos fahren meist mit fossilen Brennstoffen, die für unsere Erde schwere Umweltprobleme verursachen. Von der Erforschung bis zur Lieferung verzerren fossile Brennstoffe das Gleichgewicht unseres Ökosystems erheblich. Fälle von Ölverschmutzungen, die durch die Erforschung fossiler Brennstoffe verursacht werden, sind eine traurige Erinnerung an die kostspieligen Schäden, die unserer Umwelt zugefügt werden. Darüber hinaus ist unsere Luftqualität durch Emissionen von Pkw, Lkw usw. stark beeinträchtigt. Auto-Emissionen wirken sich nicht nur auf unser Klima aus, sondern stellen auch ein großes Gesundheitsrisiko für die Menschen dar.

Nach jahrelangem Kampf können wir heute feststellen, dass für diese Problematik ein allgemeines Verständnis entstanden ist.

Die Bevölkerung sieht diese Probleme, kann aber oft aus wirtschaftlichen Gründen nicht angemessen auf sie reagieren.

Unser Bestreben muss es daher sein, den Druck weiter zu erhöhen und die Entwicklung neuer Technologien nachhaltig zu fördern und für eine billigere Verbreitung, sowie einer umfangreichen Subventionierung durch den Staat zu sorgen.

So sehr die Faust auch geballt sein mag, müssen wir aber auch Verständnis aufbringen. Nicht für diejenigen, die ein Auto als Verlängerung des eigenen Egos betrachten, wohl aber für die, deren Existenz ohne das Fahrzeug gefährdet wäre. Ein Balanceakt, den viele ehrliche Aktivisten gerne verdrängen würden, aber doch einer, der unbedingt notwendig ist.

<u>**Was du tun kannst:**</u>

- **Lebe ein autofreies Leben. Das kann ein bisschen schwierig sein, weil wir uns bewegen müssen. Aber das wäre eine wertvolle Möglichkeit, die CO2-Emissionen in die Atmosphäre zu reduzieren.**

- **Wechsele zu Elektroautos: Elektroautos wurden erfunden, um die Umweltverschmutzung zu verringern und die Kohlenstoffemissionen in das Klima zu reduzieren.**

- **Benutze den öffentlichen Nahverkehr: Wenn mehr und mehr Menschen ihre Autos abstellen und das öffentliche Nahverkehrssystem nutzen, dann hätten wir** weniger CO2-Emissionen, um die wir uns sorgen müssten.

- **Und natürlich alle, die du kennst aufklären!**

- **Wohnen**

Wohnen ist eines der Grundbedürfnisse des Menschen. Laut der Internationalen Energieagentur (2015) machen Unterbringungen aber 6% der weltweiten Kohlendioxidemissionen aus. Unsere Haushalte verwenden LPG/Gasöl zum Kochen, Heizen, Kühlen usw. und erhöhen damit den CO2-Ausstoß in die Atmosphäre. Von Verbundeffekten, wie die CO2-Bilanz bei der Herstellung von

Gegenständen oder Strom, reden wir dabei gar nicht erst.

Um das Niveau der CO2-Emissionen aus unseren Häusern zu senken, können wir uns für neue Formen von Häusern entscheiden, die sehr umweltfreundlich sind.

Bedenkt man, dass bereits Beton erheblich zu erhöhten Kohlenstoffemissionen in der Atmosphäre beiträgt, macht das ein Neudenken umso wichtiger. Umweltfreundliche Häuser tragen nicht nur zur Bekämpfung des Klimawandels bei, sondern auch zur Senkung unserer Energiekosten und Baukosten.

Arten von umweltfreundlichen Häusern

<u>Erdgeschützte Häuser</u>

Dies sind Häuser, die seitlich oder unter der Erde eingebaut sind. Nur eine Seite der Wand ist sichtbar, während der Rest mit einem Haufen Erde bedeckt ist. Einige der Vorteile dieser Art von Haus sind:

- o Minimale Erwärmung ist erforderlich, wodurch Energiekosten eingespart werden.
- o Sie dienen als sehr starke Sturmsicherheit, da sich ein Teil oder der gesamte Hausteil unter der Erde befindet. Ganz

wichtig, wenn man die weiteren Folgen des Klimawandels bedenkt.

<u>Fertigbauhäuser</u>

Diese Häuser werden außerhalb des Grundstückes gebaut. Sie werden zum Standort gebracht und dort montiert, was viel Personal und Baukosten spart. Die Vorteile dieser Reihe von Häusern sind:

- o Sie sind aus umweltfreundlichen Materialien gefertigt.
- o Die Fenster und Scheinwerfer sind festmontiert. Diese tragen dazu bei, Wärme zu sparen und

so die Energiekosten zu senken.

- o Sie sind so gebaut, dass sie Naturkatastrophen standhalten.

<u>Sogenannte Erdschiffe</u>

Diese Formen von Häusern werden aus natürlichen und aufwärts gerichteten Materialien gebaut. Sie sind so konzipiert, dass sie selbstlaufend und ausreichend sind. Das heißt, sie sind weniger von öffentlichen Versorgungseinrichtungen abhängig und funktionieren hauptsächlich mit eingebauten Ressourcen. Die Vorteile dieser Häuser sind:

o Thermische Solarhei-
zung und -kühlung, die
Sie im Sommer frisch
und im Winter warmhält.
o Solar- und Windstrom
o Eigenständige Abwas-
serbehandlung.

<u>Versandcontainerhäuser</u>

Dies sind Häuser aus wiederverwen-
deten Schiffscontainern. Sie werden
immer beliebter wegen ihrer immen-
sen Vorteile, zu denen auch gehören:

o Weniger Beton- und Ze-
mentverbrauch, was zur
Reduzierung der Koh-
lenstoffemissionen bei-
trägt.

- o Viel günstiger als Ziegel und Stahl
- o Sie helfen, extremen Wetterbedingungen zu widerstehen.

Natürlich wissen aber auch wir Aktivisten, dass der größte Teil der Häuser bereits steht oder viele Menschen gar keine Wahl haben, als die Unterkunft zu nehmen, die angeboten wird, da der Mangel an Mietwohnungen überall ein Problem sein kann. Dann beginnt der Kamp wieder im Kleinen!

<u>**Was du tun kannst:**</u>

- **Wohne immer klimakonform!**

- **Baue dein bestehendes Haus umweltfreundlich um! Raus mit der Ölheizung! Dämme richtig und nutze Energiesparlampen und energiesparende Geräte!**

- **Lebe jederzeit bewusst! Verzichte auf die Heizung, wenn es nicht wirklich kalt ist! Licht und Geräte gehören aus, wenn sie nicht benutzt werden! Die Liste der Möglichkeiten ist beinahe unendlich!**

- Nutze stets eine ökologische Energieversorgung!

- Und natürlich alle, die du kennst unbedingt aufklären!

KAPITEL DREI

Kampf gegen Armut und Not

Armut kann als ein Zustand beschrieben werden, in dem einer Person oder Gemeinschaft die Voraussetzungen für einen Mindestlebensstandard fehlen. Arme Menschen sind nicht nur nicht in der Lage, auf wirtschaftliche Ressourcen für Ihre Bedürfnisse zuzugreifen, sondern haben, und das ist viel wichtiger, keine Möglichkeit in Würde zu leben.

Das bedeutet, dass das Einkommensniveau so niedrig ist, dass die grundlegenden Alltagsbedürfnisse nicht gedeckt werden können. Menschen, die in Armut leben, haben möglicherweise keinen oder nur einen eingeschränkten Zugang zu medizinischer Versorgung, Bildung, Wohnen, Nahrung usw. Die Armutsrate ist von Land zu Land unterschiedlich, aber sie ist ein weltweites Phänomen, wenn sie auch in manchen Ländern durch Sozialsystem abgemildert wird. Ob die Sozialsysteme wirklich helfen oder nur eine Revolution oder ein Aufbegehren unterdrücken bzw. hinauszögern, ist umstritten.

Globale Armut

Die Armutsrate hat sich in den westlichen Ländern seit der Ära der industriellen Revolution drastisch reduziert. Fortschritte in der Landwirtschaft sorgten für einen besseren Ertrag und eine bessere Verfügbarkeit der Nahrungsmittelversorgung. Der Medizin gelangen ebenso große Fortschritte wie der Arbeiterbewegung, die erstmals wirklich Rechte für alle durchsetzen konnte. Wichtigster Faktor hierfür waren technische Innovationen, die das Leben für viele Menschen zu verbessern. Doch nicht alle Regionen profitierten von dieser Entwicklung.

Beispielsweise kämpft die afrikanische Region südlich der Sahara immer noch mit den Herausforderungen der Armut, da die Hälfte der von Armut betroffenen Menschen der Welt dort lebt. Die Zahlen der Weltbank deuten darauf hin, dass Menschen in extremer Armut von 1,90 Dollar pro Tag leben, wenn man es denn leben nennen möchte. Eine Wirklichkeit, vor der viele die Augen verschließen und die nachdenklich stimmen sollte. Doch, was bedeutet Armut, unabhängig ob nun in einem Industrieland oder in Afrika, wirklich für die Betroffenen?

Auswirkungen der Armut

Armut kennzeichnet das Leben und hat nachweislich in völlig verschiedenen Bereichen:

- **Bildung:**
  Studien zeigen, dass Kinder aus verarmten Familien seltener Zugang zu einer angemessenen Bildung haben. Andere armutsbedingte Faktoren wie Gesundheitsversorgung, das soziale Umfeld oder Gewalt können den Erfolg eines Kindes auch bildungstechnisch einschränken. Kinder brauchen Aufmerksamkeit,

bedingungslose Liebe und eine stabile Umgebung, um effektiv zu lernen. Die Armut lässt diese Bedingungen nicht gedeihen, was die Lernfähigkeit der Kinder einschränkt. Wer allerdings keinen Zugang zur Bildung hat, dem fehlt es an einem grundlegenden Mittel zum Aufstieg.

- **Soziale Ausgrenzung**

Menschen sind soziale Tiere. Unsere täglichen Interaktionen eröffnen neue Horizonte und schaffen eine Reihe ungenutzter Möglichkeiten. Menschen, die in Armut leben, sind auf ihren eigenen Raum beschränkt. Sie sind vom Mainstream der sozialen Partizipation und Inklusion

abgeschnitten. Sei es aus finanziellen
Gründen, Scham oder durch ein sich
selbst aufgeben.

- **Hunger**

  Eine der entmenschlichenden Seiten
  der Armut ist der Hunger. Menschen,
  die ein mageres Einkommen erzielen,
  haben es extrem schwer zu ernähren
  und sind dadurch körperlich und see-
  lisch in ewiger Hilflosigkeit. Unterer-
  nährung ist ein weiterer Aspekt des
  Hungers von Menschen in Armut. Für
  einige ist die Ernährung nur eine Not-
  wendigkeit, den Appetit zu unterdrücken, und so sind ihre Mahlzeiten frei
  von Nährstoffen, um die Entwicklung
  und Erhaltung des Körpers zu

unterstützen. Ein Teufelskreis, der oft nicht mehr zu stoppen ist.

- **Unterkünfte**

Armut kann erheblich mit Obdachlosigkeit und erbärmlichen Lebensbedingungen zusammenhängen. Die Bewohner der großen städtischen Slums auf der ganzen Welt leben in Armut. Für viele Arme in den Industrieländern bleiben nur schlechte Wohngegenden. Obdachlosigkeit hat viele Kinder gezwungen, in staatlicher Obhut zu leben, obwohl sie Eltern haben.

- **Gewalt**

Armut erzeugt Gewalt, und Gewalt erzeugt mehr Gewalt. Kinder aus wirtschaftlich benachteiligten Familien sind anfällig für Vergehen und Verbrechen. Viele Kinder und Jugendliche in Armenheimen werden sich wahrscheinlich an Verbrechen als notwendigem Werkzeug zum Überleben beteiligen. Kann man ihnen das aber vorwerfen?

- **Soziale Laster**

Neben der Gewalttätigkeit können andere soziale Laster wie Drogenmissbrauch, Prostitution usw. als mit Armut verbunden angesehen werden.

* **Infrastruktur**

Der Zugang zu Strom, Wasser, sanitären Einrichtungen und Infrastrukturen fehlt in von Armut betroffenen Gemeinden oder Bezirken. Einige Entwicklungsländer verfügen über Wasserversorgungsnetze in ihren Städten. Das bedeutet, dass die Menschen sauberes und gereinigtes Wasser aus den Wasserhähnen in ihren Häusern beziehen können. Leider haben viele arme Gemeinden keinen Zugang zu diesem Verteilnetz, so dass sie Trinkwasser von Anbietern kaufen müssen. Andere gehen weite Strecken, um Zugang zu Trinkwasser aus Flüssen und Bächen oder der einzigen leitungsgebundenen Wasserleitung in der Gemeinde zu erhalten.

Strom ist ein weiterer Schlüssel zu einem komfortablen Leben. Viele Familien mit niedrigem Einkommen haben keinen Zugang zu Strom, so dass sie auf die Verwendung von Buschlampen und Kerzen als Lichtquelle in ihren Häusern zurückgreifen können.

Ursachen der Armut

Ursachen der Armut können manchmal subjektiv sein, aber sie ist im Allgemeinen mit sozialen Problemen verbunden, wie z.B.:

- Analphabetismus
- Überbevölkerung
- Arbeitslosigkeit

- Regierungsversagen
- Mentale Leistungsfähigkeit und Einschränkungen des Einzelnen
- Klimawandel.
- Ungerechtes Wirtschaftssystem
- Ausbeutung

Ideen zur Armutsbekämpfung

Die Armutsbekämpfung ist zu einer globalen Herausforderung geworden, nicht nur für Regierungen und Nichtregierungsorganisationen, sondern auch für uns, diejenigen, die sich eine Welt der Gleichberechtigung und Chancen für alle wünschen. Keinem Menschen darf die Würde des Lebens vorenthalten werden. Lebensnotwendigkeiten wie Wasser, Nahrung, Medikamente sollten die geringste Sorge der Menschen sein. Auch hier dürfen wir nicht auf wenige Superhelden warten oder gar den Regierungen vertrauen, sondern müssen selbst aktiv werden. Zumindest im Kleinen:

- **Geld spenden**

  Geld spenden ist eine effektive Möglichkeit, die wir nutzen können, um die Geißel der Armut in unserer Welt zu bekämpfen. Studien zeigen, dass jeder fünfte Mensch in extremer Armut lebt. Sie leben in Slums, ohne angemessene Unterkunft und Versorgung. Geld an sie zu spenden, kann helfen, den Kreislauf der Armut zu durchbrechen und ihnen den Anschein eines menschenwürdigen Lebens zu vermitteln. Ihre Spende kann dazu beitragen, eine bessere Zukunft zu schaffen und das Ungleichheitsverhältnis der Welt weiter zu reduzieren.

Viele Menschen empfinden mit Recht große Verzweiflung und Trauer über das Ausmaß der Armut in der Welt. Sie glauben zu Unrecht, dass es weit über unserer Fähigkeit liegt, angesichts der großen Zahl von Menschen, die in Armut leben, Veränderungen herbeizuführen. Tatsächlich müssen auch sie anerkennen, dass das Spenden an die Armen über gemeinnützige Wohltätigkeitsorganisationen ein wirksames Mittel zur Armutsbekämpfung ist. Es gibt viele Wohltätigkeitsorganisationen und

NGOs, die sich dem Ziel verschrieben haben, bedürftige Familien mit niedrigem Einkommen auf der ganzen Welt zu erreichen. Im Laufe der Jahre haben sie die Verantwortung übernommen, die Spenden von Menschen zu koordinieren, um die Benachteiligten unabhängig vom Standort zu erreichen. Während einige Leute an der Wirksamkeit und Reichweite von Spenden für wohltätige Zwecke zweifeln, zeigen Statistiken, dass die Zahl der extrem Armen in der Welt abnimmt. Die Berichte beweisen, dass die Zahl der extrem Armen seit 1999 um durchschnittlich 50 Millionen pro Jahr zurückgegangen ist. Deine kleinen Spenden können alles sein, was nötig ist, um den

Unterschied zu machen. Nur muss das Geld auch ankommen.

Es gibt Millionen von gemeinnützigen Organisationen auf der ganzen Welt, die um Gelder von Spendern bitten. Geschichten über Misswirtschaft und Betrug sind dabei weit verbreitet. Sie sind verachtenswert, wie auch die Protagonisten des Bösen, die den Eigennutz huldigen und die Ärmsten der Ärmsten um das tägliche Brot betrügen.

Daher ist es wichtig, dass wir eine Checkliste für die Organisation erstellen, für die wir spenden wollen. Es ist wichtig, dass wir sicherstellen, dass wir eine Wohltätigkeitsorganisation wählen, die unseren philanthropischen Vorstellungen entspricht.

Wir dürfen unser Geld nicht um seiner selbst willen spenden! Nicht spenden und dann wegsehen. Das wäre Heuchelei und das Erkaufen eines guten Gewissens! Nein, wir müssen garantieren, dass alles auch dort ankommt, wo es hinmuss!

Und im Grunde genommen spenden wir auch nicht. Stattdessen müssen wir unsere Spenden als Investitionen betrachten, die den Armen tatsächlich helfen. Eine völlig andere und viel bessere Denkweise: Wir subventionieren keine armen Leute, sondern investieren in die Zukunft unseres

Planeten! Daher ist es wichtig, dass jeder Cent sinnvoll eingesetzt wird.

Hier ein paar Dinge, auf die wir achten müssen, bevor wir uns für die Wohltätigkeitsorganisation entscheiden, für die wir spenden:

- **Wie legitim sind sie?**
- **Wie gut kennen Sie diese Organisation?**
- **Sind meine Spenden steuerlich absetzbar?**
- **Stellen Sie sicher, dass Sie den Bericht und die Bewertungen der Wohltätigkeitsorganisation einsehen können.**

Sorgt daher immer dafür, dass eure Spende dort ankommt, wo sie notwendig ist. Immer!

- **Sich sozial engagieren:**

  Unzählige Menschen, leben in einer Blase der Stabilität und des Komforts. Aber sie die Armut und Vernachlässigung um sich herum. Zumindest, solange sie keine Schafe sind. Die sehenden Menschen werden aber durch die Wirklichkeit angeregt, ermutig und animiert, etwas gegen die vorherrschenden Verhältnisse zu tun und die Situation zu verändern. Armut ist ein gesellschaftliches Problem, und jeder muss seinen Beitrag dazu leisten, dass sie deutlich reduziert wird. Einer der ersten Schritte zur Armutsbekämpfung ist das Verständnis dessen, was es ist. Die Mitgliedschaft in sozialen Gruppen zur Armutsbekämpfung bietet Freiwilligen die Möglichkeit zu erfahren, wie die Mechanismen der Armut funktionieren, wie sie sich auf Familien auswirken und wie Menschen aus der Armut herauskommen und einen nachhaltigeren Lebensstil erreichen können. Sei ein Botschafter der Ärmsten! Werde ihr Held!

- **Freiwilligenarbeit zur Armutsbekämpfung**

Freiwillige Arbeit im Kampf gegen die Armut erfordert viel Zeit und Energie.

Die gute Sache ist, dass du es für etwas tust, an das du leidenschaftlich glaubst. Gehe zu deiner Tafel und hilf! Sammele abgelaufene Lebensmittel und spende sie! Die Wege sind unbegrenzt!

- **Organisation von Fundraising-Veranstaltungen**

Spendenaktionen sind eine großartige Sache. Organsieire selbst welche, um Spenden für die Armen zu sammeln. Du kannst dich lokalen Fundraising-Gruppen anschließen oder selbst eine gründen. Nur, fange heute an.

- **Konsumiere bewusst!**

Denke daran, dass viele Produkte unter erbärmlichsten Umständen hergestellt werden und durch ihren geringen Preis vielleicht andere Produkte vom Markt verdrängen, die armen Menschen ein besseres Leben ermöglichen würden. Handele daher bewusst und informiere dich bei deinem Konsum ganz genau.

KAPITEL VIER

Werde Aktivist, demonstriere und sei politisch!

Aktivismus besteht aus Bemühungen, soziale, politische, wirtschaftliche und ökologische Reformen in der Gesellschaft zu fördern, in Prozesse einzugreifen oder sich direkt daran zu beteiligen. Aktivismus ist Handeln für eine Sache.

Diese Ursache geht über die Äußerung hinaus; es ist die unerbittliche Haltung und der Glaube an die Veränderung der Ordnung. Aktivismus kann routinemäßig oder konventionell sein, z.B. Tür-zu-Tür-Vermittlung, Treffen, Kundgebungen, Straßenproteste usw. Es kann auch unkonventionell sein oder abhängig von den Strategien der Initiatoren. Alles geht, wenn du willst!

Der Aktivismus hat dazu beigetragen, die bisherigen gesellschaftlichen Normen wie Rassismus, Sklaverei, Ungleichheit, Frauenrechte usw. in Frage zu stellen.

Aktionismus ist daher etwas Gutes, wenngleich einzelne Personen oder Gruppierungen das Engagement von Menschen für ihre eigenen, totalitären Zwecke, unter falscher Flagge, missbrauchen wollen. Diese schwarzen Schafe gilt es zu identifizieren und zu enttarnen.

Ein wahrer Aktivist ist jemand, der die Politik des Schlechten in Frage stellt, um ein gutes oder besseres Ziel zu erreichen. Ein aktives Hauptziel ist es nicht, Macht zu erlangen, sondern Einsatz in der Verteidigung dessen zu zeigen, was richtig erscheint. Das Gute ist ein ewiges Ideal und das gilt es zu verteidigen. Wer für es und eine bessere Welt einsteht, kann daher niemals falsch handeln.

In der Vergangenheit wurde der Aktivismus hauptsächlich durch Literatur, Broschüren, Bücher usw. verbreitet, um die Öffentlichkeit auf die Gerechtigkeit ihrer Sache hinzuwirken. Heute setzen Aktivisten moderne Medieninstrumente wie Social Media ein, um bürgerschaftliches Engagement und Kundgebungen zu verbessern. Die neue Zeit hat eine Vielzahl von Möglichkeiten geschaffen, von denen früher nur zu träumen gewesen wäre. Nutzen wir sie alle!

Aktivist werden

Aktivisten setzen sich für den sozialen Wandel ein. Meistens wissen wir nicht, welche Macht wir haben, bis wir uns dafür entscheiden, sie auszuüben. Das ist etwas, was man von betäubten Schafen nicht erwartet und die Mächtigen trifft das oft unerwartet und mit unerbittlichen Härte.

Aktivismus darf daher laut sein. Immer. Er darf auch heftig sein. Sein Ziel muss jedoch stets die Freiheit, Gleichheit, Demokratie und eine bessere Welt sein. Der Zweck heiligt die Mittel nicht immer und Gewalt ist als aktive Form der Gewalt abzulehnen.

Wann du Aktivist bist? Wenn du anfängst, Verantwortung zu übernehmen und ein Bewusstsein für das Gute entwickelt hast!

Aktivismus erfordert keine bestimmten Fähigkeiten oder einen spezifischen beruflichen Hintergrund. Alles, was man braucht, um ein Aktivist zu sein, ist Leidenschaft, Entschlossenheit und Wissen. Was du tun kannst:

- **Finde dein Thema!**

  Es gibt viele soziale und politische Probleme, mit denen wir heute konfrontiert sind. Suche dir welche raus und suche dann nach Möglichkeiten, sie anzuprangern und sie zu lösen!

o **Versuche Wissen zu gewinnen!**

Du hast die besseren Argumente! Nur musst du sie auch kennen und rüber- bringen können! Vergiss das nie!

Lass dich auch nie durch einen Man- gel an Kenntnissen ausspielen!

o **Investiere deine Zeit**

Zeit ist ein wichtiges Gut. Was kann es Besseres geben, als sie für eine große Sache zu nutzen? Welches Gefühl kann größer sein, als ein Strei- ter des Lichtes zu werden?

- **Gehe immer mit gutem Beispiel voran**

  Als Aktivist müssen wir das, was wir predigen, praktizieren, um unsere Sache voranbringen zu können. Heuchler und Karrieristen gibt es bereits genug. Die Bewegung der Zukunft muss rein sein!

- **Beitritt zu einer NGO ("Nongovernmental organization")**

  Der Beitritt zu einer NGO ist viel besser, als zu Hause zu sitzen und darauf zu warten, dass sich etwas ändert. Unsere ideale Welt kann nur dann Wirklichkeit werden, wenn wir uns bemühen, sie zu verändern. NGOs helfen, soziale und positive

Veränderungen in unserer Gesellschaft zu bewirken..

o **Demonstrieren und politisch sein**

Interesse an Politik zu zeigen, ist für einen Aktivisten sehr wichtig. Die meisten der uns heute betreffenden sozialen und politischen Fragen werden von Politikern entschieden. Wenn du beispielsweise an die Rechte von Homosexuellen glaubst, sollten du in der Lage sein, Kandidaten zu identifizieren, die sich in Kampagnen und Interviews für die Rechte von Homosexuellen ausgesprochen haben. Mit diesem Wissen ausgestattet, kannst du entscheiden, welche Kandidaten Ihre Stimmen erhalten.

Im Grunde genommen gibt es nichts, was nicht in irgendeiner Form politisch ist! Vergiss das nie und sei stets achtsam!

Die Gleichgültigkeit der Wähler und der Mangel an Protesten gegen die Übel der Gesellschaft haben die Selbstgefälligkeit und Misswirtschaft unserer Politiker befeuert. Die Schafe haben sich geweigert, ihre Entscheidungsträger zur Verantwortung zu ziehen; ihre Handlungen und Untätigkeit betreffen uns aber alle. Sei daher kein Schaf! Lass dich nicht treiben und scheren, sondern wisse, was sie tun und warum sie es machen. Was also tun? Ganz einfach:

- **Stimme für Politiker, die sich an unserer Sache orientieren**

- **Mache dabei aber keine falschen Kompromisse**

  Wähle niemals das kleinere Übel, sondern nur den, an den du glauben kannst. Wenn es keinen gibt, dann hat das System versagt und nicht du.

- **Verliere aber trotzdem deinen Glauben an die Demokratie nie**

  Eine bessere Staatsform gibt es nicht. Lass dich nicht von

totalitären Heuchlern faszinieren. Von Rattenfänger, die mit der Maske der Menschenfreundlichkeit eine Diktatur errichten wollen! Enttarne sie und wenn das nicht gelingt, bekämpfe sie immer wieder!

- **Vergiss nie: Politik betrifft uns alle**

Entscheidungen oder Gesetze, die von Politikern getroffen werden, beeinflussen uns auf die eine oder andere Weise.

- **Du hast das Recht unzu-
frieden zu sein!**

  Lass dir nicht einreden, dass
  es immer einen Kompromiss
  geben muss. Manchmal gibt
  es denn nicht.

- **Demokratie findet nicht nur
am Wahltag statt!**

  Lass dir nicht einreden, dass
  die Demokratie am Abend des
  Wahltages endet. Demokratie
  findet auch nicht nur in den
  Parlamenten statt. Dein Aktionismus ist gelebte Demokratie. Du bist auf der richtigen

Seite und wer dir das ab-
spricht, ist auf der falschen.

- **Steh auf für das, was du glaubst:**

Wir alle haben unterschiedliche Meinungen und Ansichten zu bestimmten Themen. Ein aktives Interesse an der Politik würde uns in eine besser informierte Position bringen und uns so helfen, Wege zu finden, den Status quo zu ändern. Dafür braucht es dich und dein Engagement.

o **Teilnahme an Demonstrationen und Protesten**

Demonstrationen und Proteste sind ein Mittel der Demokratie. Eine Demonstration ist eine Massenaktion gegen oder für eine bestimmte Ursache. Demonstrationen können friedlich und in einigen Fällen gewalttätig sein. Demonstrationen gelten in der Regel als erfolgreich, wenn sie eine hohe Beteiligung zeigten.

Wenn wir feststellen, dass es an sozialer Gerechtigkeit in einer Frage mangelt, oder wenn wir einen anderen Standpunkt in einer Frage der Gesetzgebung usw. vertreten, sollten wir Menschen mit ähnlichen Ansichten zu diesem Thema treffen und

Strategien für einen Protest oder zivile Demonstrationen ausarbeiten.

Oder weniger abstrakt: Geh mal raus demonstrieren und zeig ihnen, dass du eine schlechte Welt niemals akzeptieren wirst!

Was du vor der Teilnahme an einer Demonstration wissen sollten:

- Kennst du die lokalen Gesetze über Proteste und Demonstrationen? Vermeide es gegen diese Gesetze zu verstoßen! Das ist manchmal schneller passiert, als man meinen sollte! Informiere dich daher genau und kenne vor allem auch deine Rechte!

- Mache deine Botschaften bildlich deutlich z.B. durch Transparente oder Plakate! Bedenke, dass du vielleicht fotografiert oder gefilmt wirst und dann ist deine Botschaft praktisch verewigt! Der Effekt ist wesentlich größer, als bei einer rein verbalen Botschaft!

- Bereite dich vor, indem du genug Wasser nimmst, deine Handys auflädst usw.

- Gehe mit einem Freund oder treffe dort Freunde! Einen Finger kann man brechen, aber fünf Finger sind eine Faust!

- Ermutige dein Umfeld, dich zu begleiten! Überzeuge es von deiner Sache!

- Tragen bequeme Sachen!

- Verwende kein Wasser bei Attacken. Pfefferspray oder Tränengas; es wird nur schlimmer. Verwende Milch, Zitronensaft etc.

- Kenne das Demonstrati-
onsgelände und wisse, wo
man sich ggf. zurückziehen
kann!

- Teile deine Ihre Erfahrun-
gen und schaffe einen Akti-
vistenkreis in deinem Um-
feld!

- Komme umweltfreundlich
zur Demonstration und ver-
halte dich dort auch gemäß
deiner Überzeugungen!

KAPITEL FÜNF

Kampf gegen den Kapitalismus

Der Kapitalismus kann als ein System definiert werden, in dem Privatpersonen oder Unternehmen Investitionsgüter besitzen. Die Produktion von Produkten und Dienstleistungen basiert auf Angebot und Nachfrage, also auf einem allgemeinen Markt. Der Gegensatz ist ein System, in dem die Produktion geplant und kontrolliert wird und im Besitz der Allgemeinheit ist.

Eine Wirtschaft ist kapitalistisch, wenn Privatpersonen oder Unternehmen überwiegend die Produktionsfaktoren betreiben. Diese sind Arbeit, Boden und Kapital. Neuste Publikationen sprechen von einem neuen Produktionsfaktor, dem Verhalten und damit von einem Verhaltenskapitalismus, einer weiteren Spielart des Kapitalismus, der sich durch die schöne neue Internetwelt entwickelt hat.

Die Eigentümer dieser Produktionsfaktoren üben die Kontrolle über die Unternehmen aus und damit indirekt auch über die Gesellschaft, wenngleich auch sie den Kräften des Marktes unterliegen. Der Staat hat dabei immer noch die Möglichkeit des Eingriffs, versagt aber augenscheinlich oft. Die Auswirkungen des Kapitalismus wird in einigen Ländern durch ein Sozialsystem abgemildert.

Nicht in die Sozialismus-Falle tappen!

Die grundsätzliche Frage, ob der Kapitalismus schlecht ist, ist eine schwierige. Geschickte Kapitalisten verweisen dabei immer auf den Misserfolg sozialistischer Systeme und auch viele Aktivisten sind leider so töricht, bereits gescheiterte kommunistische Ideen als ernsthafte Alternative zu präsentieren und stoßen damit logischerweise bei einer Mehrheit der Bevölkerung auf Ablehnung.

Ein kluger Aktivist tappt nicht in die Sozialismus-Falle. Das Gegenstück zum Kapitalismus ist nicht der Sozialismus! Das muss jedem Aktivisten unbedingt eingehämmert werden! Der Sozialismus ist gescheitert und führte ausschließlich zu totalitären Diktaturen, in denen es den Menschen nachweislich wesentlich schlechter ging, als im üblen Kapitalismus! Das bedeutet aber nicht, dass der Kapitalismus damit alternativlos ist. Wir müssen ihn in seiner momentanen Form überwinden, ohne vom Regen in die Traufe zu kommen. Dafür brauchen wir allerdings neue Konzepte, wie das der Alternativen Hegemonie (AH-Modell), das im letzten Kapitel vorgestellt wird. Ein echter Kämpfer für eine bessere Welt distanziert sich daher von all den Maos, Stalins, Lenins & Co und verachtete diese Unmenschen ebenso, wie die gierigen Großkapitalisten.

Warum der Kapitalismus fehlerhaft ist

"Das Profit-Motiv. Wenn es das Hauptziel eines Wirtschaftssystems ist, fördert es einen ungesunden Wettbewerb, der die Menschen dazu inspiriert, egoistisch zu sein. Die Menschen neigen dazu, sich mehr um ihren Lebensunterhalt zu kümmern als um ihr Leben"

Martin Luther King

- **Ungleichheit:**
Der Kapitalismus fördert ein System, in dem der Reichtum nicht gleichmäßig verteilt ist, was zu Ungleichgewichten führt. Der Kapitalist nutzt sein Kapital und Vermögen, um mehr Vermögen zu erwerben.

Darüber hinaus gibt der Kapitalist Vermögenswerte und Vermögen an seine Kinder weiter und lässt die benachteiligte Gruppe ohne etwas zurück.

- **Monopol- und Oligopolbildung**

Im Kapitalismus entstehen Marktmacht und ein limitierter Zugriff auf die Produktionsfaktoren. Ein Kapitalist kann seine Gewinne maximieren, indem er z.B. weniger Arbeitslöhne bezahlt. Dies erklärt, warum die Gewinnmargen der Unternehmen weiter steigen, ohne dass die Löhne der Arbeitnehmer entsprechend steigen.

- **Es fördert die Gier**

  Für den Kapitalismus geht es vor allem um Gewinne. Die Sozialfürsorge der Arbeitnehmer nimmt die zweite Geige ein.

- **Kapitalismus und Armut**

  Armut ist eine der zentralen Herausforderung, vor der wir heute stehen. Millionen von Menschen wird das Recht vorenthalten, ein Leben würdiges Leben zu führen. Es gibt eine große Kluft zwischen den Armen und den Reichen, denn der Reichtum liegt in den Händen einiger weniger.

  Es gibt Aktivisten die sagen: „Der Kapitalismus soll sicherstellen, dass die Reichen und Mächtigen ihre Position

behaupten, indem er die Mehrheits-
welt unter schlechte Arbeitsstruktu-
ren mit wenig oder gar keinen Rech-
ten versklavt.“

Die Lösung

Es ist natürlich möglich, zahlreiche Einzel-
maßnahmen gegen den Kapitalismus zu er-
greifen, allerdings wollen wir keine Symp-
tome bekämpfen, sondern die Ursache, d.h.
die Fehler des Kapitalismus.

Lange Zeit schien dieses Unmöglich. Alternative Systeme sind krachend gescheitert
oder zeigten sich, wie der Sozialismus, als
noch wesentlich schlimmer, als es der Kapitalismus jemals war und doch gibt es in-
zwischen Ideen, die als jeder Aktivist

kennen sollte, der sich für den Kapitalismus interessiert. Die größte und realistische davon soll im letzten Kapitel kurz vorgestellt werden: Das Modell der Alternativen Hegemonie (AH-Modell).

KAPITEL SECHS

Das Modell der Alternativen Hegemonie (AH-Modell) – Ein Weg zu einer besseren Welt

Das AH-Modell zielt darauf ab, Lösungen anzubieten, auf die wir nicht vorbereitet sind. Die Suche nach einer besseren Zukunft erfordert einen umfassenden Ansatz, aber auch Ehrlichkeit. Zu dieser Ehrlichkeit gehört, dass wir bereits eine Welt haben und nicht bei Null starten können. Wir müssen daher aus dem, was da ist, etwas Neues und Besseres machen und dürfen nicht davon träumen, dass wir von vorne beginnen können. Wir Aktivisten müssen die Menschen mitnehmen und dürfen nicht versuchen ihnen eine Zukunft aufzuzwingen. So ein Versuch würde in einer Diktatur enden, die ein echter Aktivist, der für das Gute einsteht, nur verabscheuen könnte. Werdet also nicht das, was ihr hasst!

Unstrittig ist, dass die Zeit für eine große Veränderung günstig ist wie nie. Es ist kein Chaos und auch nicht komplex, sondern es ist genau die Zeit, um die Welt endlich in eine bessere Zukunft zu führen! Wenn nicht jetzt, wann dann?

Ja, wir stehen, wie Andreas Herteux treffend analysiert, vor einem Zeitenwandel, der sich durch 5 Faktoren kennzeichnet, die in stetiger Wechselwirkung stehen:

- Der künftige Umgang mit neuen Technologien (z.B. Digitalisierung, Biotechnologie, Humanoptimierung).

- Der Aufstieg neuer Wettbewerber auf den Weltmärkten. (z.B. asiatische Länder)

- Die Schwäche der westlichen Welt hat zu Instabilität geführt, das Vertrauen in die bestehenden Aufträge geschwächt, die Wettbewerbsfähigkeit beeinträchtigt und den politischen Aufstieg Chinas gefördert.

- Veränderung der Umwelt (z.B. durch Klimawandel, Ressourcenausbeutung, Umweltzerstörung)

- Überbevölkerung und fehlendes Leben bitte. (aufgrund der

demographischen Entwicklung des afrikanischen Kontinents).

Jeder echte Aktivist muss diese 5 Punkte kennen und auch, dass sie nicht voneinander zu trennen sind! Niemand verlangt, dass ihr in allen aktiv werdet, aber ihr müsst um die Zusammenhänge wissen!

Der Zeitenwandel kommt daher sowieso und es liegt an uns, ihn so zu gestalten, dass am Ende eine bessere Welt steht und keine noch schlechtere! Das ist deine Verantwortung, neuer Aktivist!

Wie aber kann das AH-Modell dabei helfen?

Das Modell der Alternativen Hegemonie (AH-Modell)

„Das Modell der Alternative Hegemonie ist eine Evolution und ein Korrektiv des kapitalistischen Systems. Das Ziel ist globaler Frieden, Freiheit und globaler Wohlstand.

Es transformiert den Kapitalismus in einen Wertekapitalismus, demokratisiert die Schlüsselindustrien der Zukunft und agiert dabei nach Marktgesetzmäßigkeiten.

Dabei übt es keinen Zwang aus, sondern leitet den Wunsch nach Gewinn- bzw. Nutzenmaximierung von Unternehmen und Staaten auf eine solche Art und Weise um, dass diese Maximierung nur dann möglich ist, wenn diese dem Wohle aller dienen.“

Das Modell der Alternativen Hegemonie (AH-Modell)

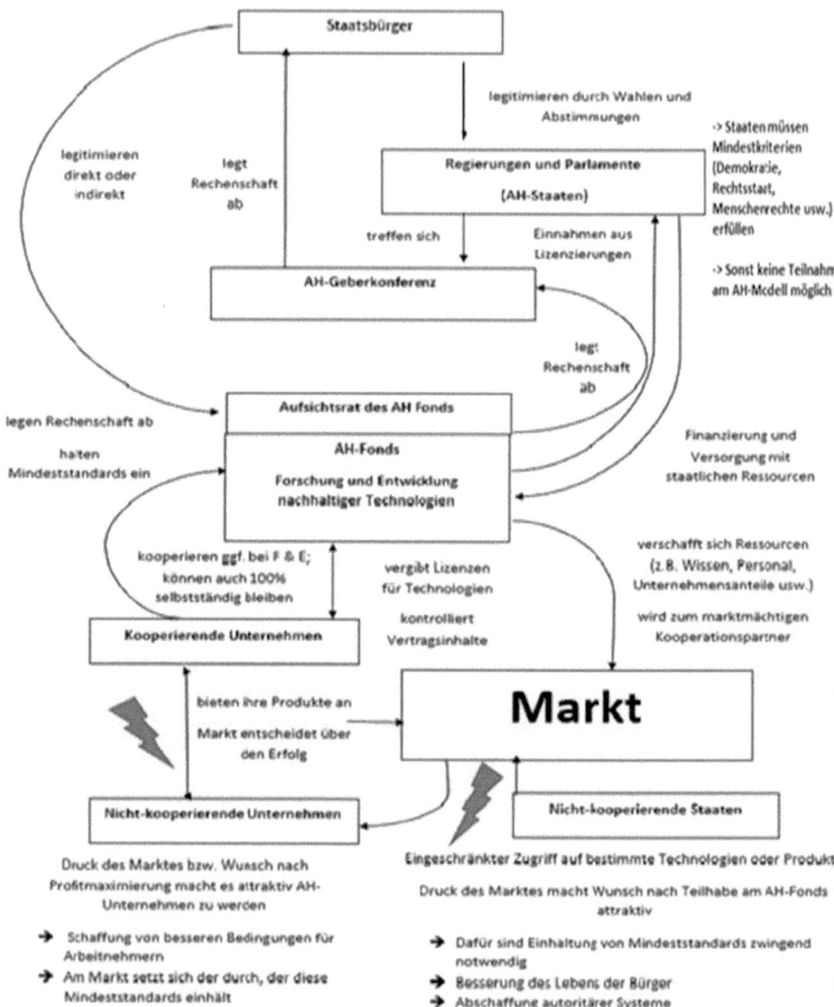

Es ist eine Evolution des bisherigen internationalen   Politik-und-Wirtschafts-Systems. Es entwickelt dieses weiter, behält bestehende Strukturen bei und leitet negativ wirkende Dynamiken um. Es daher gar nicht nötig, die Flut zu stoppen, denn das kann der Mensch nicht, wohl aber kann er sie zu seinem Vorteil benutzten, in dem das AH-Modell Staaten, als auch Unternehmen zu einem werthaltigen Verhalten erzieht, von dem am Ende alle profitieren. [..] Zwang gibt es aber im Modell der Alternativen Hegemonie nicht, sondern nur Freiwilligkeit. [..] Sie werden weiterhin egoistisch agieren, aber das Modell der Alternativen Hegemonie wird einen neuen Produktionsfaktor schaffen, der für die Gewinnmaximierung bzw.

den maximalen Nutzen zentral sein wird: Werte.

Durch diesen Produktions- und Erfolgsfaktor verändern sich die Bedingungen des Wirtschaftens und damit auch das System an sich, ohne, dass auch nur ein Fünkchen des eigenen Egoismus aufgegeben werden muss, denn das AH-System macht sich die gleichen Kräfte zu nutzen, die im bisherigen kapitalistischen System herrschen, leitet sie aber in eine neue Richtung: Aus der unsichtbaren Hand des Marktes, wird die unsichtbare Hand der Erziehung. Und erzogen wird der Kapitalismus, nicht der Mensch. Aus der kalten Marktwirtschaft wird der Wertekapitalismus und dieser könnte langfristig ein Segen für die Welt werden.

Klingt gut? Oder doch utopisch? Wie das realisiert werden soll?

Nun, dieses gelingt, durch die Besetzung eines zentralen Feldes: Forschung und Entwicklung neuer Technologien. Sie werden im Rahmen des AH-Modells gebündelt. Dieses geschieht über einen AH-Fonds, der von den Staaten, die am AH-Modell teilnehmen, mit 2% des jeweiligen BIP finanziert wird.

Der AH-Fonds entwickelt neue und verbessert alte Technologien und bietet anschließend Lizenzen und Patente an. Mit seinem Kapital schafft er eigene Forschungseinrichtungen, kauft Unternehmen auf, kooperiert mit anderen und versucht, vereinfacht, so in kurzer Zeit ein Maximum an Marktmacht zu gewinnen. Ziel ist es technologischer bzw. entwickelnder Marktführer in allen Schlüsselindustrien der Zukunft auf der Forschungsebene zu sein. Die Wissenschaft würde so demokratisiert und liegt fortan nicht mehr in den Händen der kapitalistischen Unternehmen oder autoritären Staaten, sondern in denen der Menschen selbst.

Die Teilhabe am AH-Fonds ist wiederum an der Einhaltung eines Wertekatalogs gebunden. Besagte Kriterien (z.B. Menschenrechte, Pressefreiheut, soziale Standards usw..) werden stetig überwacht. Staaten, die sich den Kriterien verweigern werden vom AH-Fonds und damit mittel- bis langfristig letztendlich vom technologischen Fortschritt ausgeschlossen, aber indirekt durch die unsichtbare Hand der Erziehung zur freiwilligen Anpassung ermuntert.

Nichterfüllende Staaten werden dazu neigen, grundlegende Werte künftig einzuhalten oder sich dorthin, mit Hilfe der erfüllenden Staaten, zu entwickeln. Nicht aus Güte oder Einsicht, sondern aus Kalkül und Egoismus, um am technischen Fortschritt beteiligt zu werden. Werte werden so auf staatlicher Ebene zu einem Erfolgsfaktor.

Dafür braucht es natürlich entsprechend Macht und die wird im AH-System nicht etwa durch sozialistische Experimente, sondern durch den Markt selbst erzeugt, denn der AH-Fonds ist Teil davon und der Preis für seine Produkte, in diesem Fall Patente und Lizenzen, sind Geld und das Einhalten von Werten. Der Wertekapitalismus entsteht damit aus dem System und die hässliche nimmersatte Raupe kann so zum wunderschönen Schmetterling werden, denn der AH-Fonds wird durch sein Kapital zu einem dominanten Marktteilnehmer, der allein durch besagtes Kapital offensiv agieren kann, was die Beschaffung von Ressourcen, die auch die Beteiligung an Unternehmen miteinschließt, betrifft. Selbstverständlich soll damit kein undurchsichtiger Moloch geschaffen werden; von diesen haben wir bereit genügend, sondern eine transparente und demokratische Struktur.

Der AH-Fonds wird durch einen Vorstand, analog einer Aktiengesellschaft, geleitet. Kontrolliert wird er durch ein Gremium („Aufsichtsrat"), das sich aus demokratisch legitimierten Mitgliedern einzelner Länder zusammensetzt. Zudem unterliegt er intensiven Transparenzpflichten gegenüber der Öffentlichkeit.

Das AH-Modell vereint und demokratisiert daher wissenschaftliche Kompetenz, betreibt Grundlagenforschung, entwickelt Technologien und stellt diese für die Märkte der Länder zur Verfügung, die am AH-Modell teilhaben. Die Produktion und Verteilung übernehmen kooperierende Unternehmen, die weiter nach marktwirtschaftlichen Gesichtspunkten tätig sind. Der AH-Fonds vergibt daher Nutzungs- und Produktionslizenzen an kooperierende, Kriterien einhaltende Unternehmen, gegen Entgelt. Er trägt sich demnach nicht nur irgendwann selbst, sondern wirft auch Gewinne ab, die zurück in die Mitgliedsländer fließen und dort dringende Probleme lösen können. Doch so weit sind wir noch nicht. Bleiben wir bei den Lizenznehmern.

Diese Unternehmen sind ganz normal am Markt tätig und unterliegen dem Wettbewerb. Durch den Rückgriff auf moderne Technologien und Lizenzen haben sie aber einen Wettbewerbsvorteil gegenüber Werteverweigerern, denn sie können die Forschung des AH-Systems als Grundlage ihrer individuellen Produkte nutzen. Hier gilt erneut das gleiche Prinzip wie auch bei Staaten: Sie werden sich weiter egoistisch verhalten und einen maximalen Nutzen für sich herbeiführen wollen. Daran besteht keinen Zweifel und das sollen sie auch. Es gibt aber jetzt einen zentralen Unterschied:

Nun haben sich die Erfolgsfaktoren verändert, denn jetzt ist Profitmaximierung am leichtesten durch das Einhalten von Werten (z.B. Arbeitsbedingungen, Löhne, Mitbestimmung) erreichbar. Werden diese missachten, ist eine Kooperation mit dem AH-Fonds nicht möglich. Werte werden zu damit zu einem Produktionsfaktor wie Arbeit, Boden, Kapital und Verhalten. Daher werden sich Unternehmen freiwillig anpassen. Nicht aus Güte, sondern aus Berechnung. Die Kräfte des Marktes werden so in eine positive Richtung gelenkt. Die unsichtbare Hand der Erziehung wirkt erneut, ohne jeden Zwang und ohne jede Reglementierung.

Ein alter Traum wird wahr: Der Kapitalismus wird in seinen Auswüchsen korrigiert und der entpuppte Schmetterling erstrahlt in seinen schönsten Farben. Der Wertekapitalismus bzw. die Wertemarktwirtschaft entstehen, verbreitet sich zumindest im Westen, kann dem gelenkten Kapitalismus *gegenübertreten, ihn überflügeln und anschließend weltweit erfolgreich sein.*

Was das Ganze die Menschen kosten wird? Nichts, denn es nimmt nichts weg, sondern gibt. Das AH-System tastet weder die Kultur noch Identität an, kennt keinen Zwang, verlangt keine Abschaffung von Nationen oder nimmt Möglichkeiten der demokratischen Mitbestimmung - es sei denn es handelt sich um eine brutale und menschenverachtende Diktatur. In diesem Fall wird das AH-Modell versuchen, diese zugunsten der Freiheit zu verändern. Gleiches gilt für Unternehmen. Das Modell der Alternativen Hegemonie greift nicht in ihre Freiheit ein, sondern bietet lediglich massive Wettbewerbsvorteile an.

Dadurch, dass Nationalstaaten, Regierungssysteme Identitäten oder kulturelle Besonderheiten erhalten bleiben, ist in der Summe von einer allgemeinen Akzeptanz der Bevölkerung auszugehen, den letztendlich profitiert die Bevölkerung einerseits von der Werteverpflichtung durch Staaten und Unternehmen und andererseits auch durch den Rückfluss der Einnahmen des AH-Fonds in die Mitgliedsländer. Diese können dort für dringende Herausforderungen, wie z.B. das Rentensystem eingesetzt werden.

Das AH-Modell zügelt den Kapitalismus daher nicht nur, es generiert auch Wohlstand und setzt Werte ohne Zwang, durch die Kräfte des Marktes durch. Die Gier schafft damit das Gute. Land für Land und Unternehmen für Unternehmen werden so in eine alternative Hegemonie übergehen. Nicht aus Überzeugung, sondern aus Eigennutz, doch muss uns das interessieren? Der Mensch wird freier sein, als je zuvor, denn so werden nicht nur die Milieukämpfe eingedämmt, sondern auch der Verhaltenskapitalismus kann erstmals mit einer entsprechenden Gesetzgebung zum Schutze der Menschen geordnet werden. Das Zeitalter des kollektiven Individualismus wird so eines der Freiheit und nicht der unsichtbaren Fesseln.

Das also ist die Grundidee des Modells der Alternativen Hegemonie. Im besten Fall haben wir daher eine blühende und bessere Erde, in der Wohlstand, Freiheit und Frieden herrschen.

Im schlechtesten Fall entsteht mit dem AH-System ein Gegengewicht zur künftigen Macht autoritärer Systeme, die diesem ebenbürtig gegenübertritt. Diese brauchen wir sowieso für den Kampf ums Dasein. Es mag viele Jahrzehnte dauern, aber eine neue Weltgemeinschaft, die auf kulturelle Besonderheiten Rücksicht nimmt und trotzdem zukunftsgewandt ist. Eine alternative Hegemonie, die zum Guten erzieht."

Die letzten Seiten und die Abbildung wurden uns von der Erich von Werner Gesellschaft und von Herren Andreas Herteux, dem Entwickler des Modells, zum einmaligen Nachdruck zur Verfügung gestellt.

Alle Rechte liegen bei den genannten Akteuren.

Warum uns das AH-Modell begeistern sollte!

Das Modell der Alternativen Hegemonie begeistert uns, weil es eine echte Perspektive bringt. Bislang war die Antwort auf den Kapitalismus immer der Sozialismus. Der ist aber, so schwer es uns fällt, gnadenlos gescheitert und für viele Menschen, auf deren Unterstützung wir angewiesen sind, ein rotes Tuch.

Wir machen es den Feinden des Guten damit einfach, uns zu diskreditieren, wenn unsere Antwort auf Probleme des Systems, nur die Schaffung eines noch größeren Problems ist.

Für viele Aktivisten ist das schwer zu akzeptieren, doch wollen wir leben wie einst in der

DDR oder der Sowjetunion? Nein, das will niemand ernsthaft!

Legen wir großen Wert darauf gerade in diesem Moment in Ländern wie China oder Nordkorea zu leben? Dann wäre selbst der kleinste Aktivismus lebensgefährlich!

Bislang gab es aber kaum eine benennbare Alternative zum Kapitalismus, nun gibt es eine: Das Modell der Alternativen Hegemonie (AH-Modell), das den Kapitalismus zur Wertemarktwirtschaft transformiert.

Warum nicht den Kapitalismus und seine Gier für eine bessere Welt ebenso benutzten, wie er Millionen von Menschen für seine Zwecke benutzt hat?

Warum nicht das System zum Guten wenden?

Es ist der klügere Weg! Es ist der Weg eines Aktionismus im 21. Jahrhundert!

Deswegen sollten wir das Modell der Alternativen Hegemonie zu verstehen lernen und es dann zu verbreiten.

Seine Umsetzung ist keine Utopie, sondern möglich! Kämpfen wir dafür, in dem wir es verbreiten und es einfordern! Zu unserem Wohl und zum Wohle der ganzen Menschheit!

KAPITEL SIEBEN

Der Weg der Veränderung

Damit haben wir das Ende unseres kleinen Büchleins, das hoffentlich einen wichtigen Überblick bieten konnte, ohne dabei mit Fakten zu überlasten. Für die reinen Sachfragen gibt es sehr viel detailliertere Literatur und du wirst sie sicher finden.

Ja, es gäbe noch so viel mehr zu sagen, doch das müssen wir nicht, denn wir wollten dich nur aufwecken, oder, wenn du so erwacht bist, dich motivieren, weiterzugehen!

Weiter als je zuvor im Kampf für Freiheit, Demokratie, Gerechtigkeit, Liebe und Wahrhaftigkeit. Im Kampf um eine bessere Welt für alle Menschen.

Wir brauchen dich und jetzt bist du an der Reihe. Du weißt, was du wissen musst. Es gibt nun keine Ausreden mehr! Fang an! Werde aktiv! Mach es! Jetzt!

Über den Verlag

Erich von Werner Verlag

Birkenfelder Straße 3

97842 Karbach

Homepage:

https://www.erichvonwernerverlag.de/

Email:

Info@erichvonwernerverlag.de

Facebook:

https://de-de.facebook.com/erichvonwernerver-lag

Über den Autor

James Hatari-Spielman

James "Jim" Harari-Spielman (geb. 1989) ist ein US-amerikanischer Aktivist und Autor, der sich für eine bessere Welt einsetzt. Jim Harari-Spielman stammt aus New York, ist aber weltweit aktiv.
Er bleibt dabei stets kontrovers und anregend.